LE DUC
DE FOIX,

TRAGÉDIE.

LE DUC
DE FOIX,
TRAGEDIE
Par M. DE VOLTAIRE.

Le Prix est de trente sols.

A PARIS,

Chez *LAMBERT*, Libraire, rue
de la Comédie Française,
au Parnasse.

M. DCC. LII.

ACTEURS.

LE DUC DE FOIX.

AMELIE.

VAMIR, Frere du Duc de Foix.

LISOIS.

TAISE, Confidente d'Amélie.

Un Officier du Duc de Foix.

EMAR, Confident de Vamir.

La Scène dans le Palais du Duc de Foix.

LE DUC DE FOIX,

TRAGE'DIE.

ACTE PREMIER.

SCENE PREMIERE.

AMELIE, LISOIS.

LISOIS.

OUFFREZ qu'en arrivant dans ce séjour d'allarmes,
Je dérobe un moment au tumulte des armes.
Le grand cœur d'Amélie est du parti des Rois,
Contre eux, vous le savez, je sers le Duc de Foix,
Ou plutôt je combats ce redoutable Maire,
Ce Pepin qui du trône heureux dépositaire

A

En subjuguant l'Etat en soutient la splendeur,
Et de Thierri son maître ose être protecteur.
Le Duc de Foix ici vous tient sous sa puissance,
J'ai de sa passion prévû la violence,
Et sur lui, sur moi même & sur votre intérêt
Je viens ouvrir mon cœur, & dicter mon arrêt.
Ecoutez-moi, Madame, & vous pourrez connaître
L'ame d'un vrai soldat digne de vous peut-être.

AMELIE.

Je sai quel est Lisois : sa noble intégrité
Sur ses lèvres toujours plaça la vérité,
Quoi que vous m'annonciez; je vous croirai sans peine.

LISOIS.

Sachez que si dans Foix mon zéle me ramene,
Si de ce Prince altier j'ai suivi les drapeaux,
Si je cours pour lui seul à des périls nouveaux,
Je n'approuvai jamais la fatale alliance
Qui le soumet au Maure & l'enleve à la France.
Mais dans ces tems affreux de discorde & d'horreur,
Je n'ai d'autre parti que celui de mon cœur.
Non que pour ce Héros mon ame prévenuë
Prétende à ses défauts fermer toujours ma vuë,
Je ne m'aveugle pas, je vois avec douleur
De ses emportemens l'indiscréte chaleur,
Je vois que de ses sens l'impétueuse yvresse
L'abandonne aux excès d'une ardente jeunesse,
Et ce torrent fougueux que j'arrête avec soin
Trop souvent me l'arrache & l'emporte trop loin.
Mais il a des vertus qui rachétent ses vices :
Eh! qui saurait, Madame, où placer ses services,
S'il ne nous faloit suivre & ne chérir jamais
Que des cœurs sans faiblesse, & des Princes parfaits?
Tout le mien est à lui, mais enfin cette épée
Dans le sang des Français à regret s'est trempée.

Je voudrais à l'Etat rendre le Duc de Foix,

AMELIE.

Seigneur, qui le peut mieux que le sage Lisois?
Si ce Prince égaré chérit encor sa gloire,
C'est à vous de parler, & c'est vous qu'il doit croire
Dans quel affreux parti s'est il précipité!

LISOIS.

Je ne peux à mon choix fléchir sa volonté.
J'ai souvent de son cœur aigrissant les blessures
Revolté sa fierté par des vérités dures ;
Vous seule à votre Roi le pourriez rapeler,
Et c'est de quoi sur tout je cherche à vous parler.
Dans des tems plus heureux j'osai, belle Amélie,
Consacrer à vos loix le reste de ma vie ;
Je crus que vous pouviez approuvant mon dessein,
Accepter sans mépris mon hommage & ma main ;
Mais à d'autres destins je vous vois reservée.
Par les Maures cruels dans Leucare enlevée,
Lorsque le sort jaloux portoit ailleurs mes pas,
Cet heureux Duc de Foix vous sauva de leurs bras.
La gloire en est à lui, qu'il en ait le salaire ;
Il a par trop de droits mérité de vous plaire ;
Il est Prince, il est jeune ; il est votre vengeur,
Ses bienfaits & son nom, tout parle en sa faveur,
La justice & l'amour vous pressent de vous rendre :
Je n'ai rien fait pour vous, je n'ai rien à prétendre.
Je me tais . . . . cependant s'il faut vous mériter,
A tout autre qu'à lui j'irais vous disputer ;
Je céderais à peine aux enfans des Rois même,
Mais ce Prince est mon chef, il me chérit, je l'aime :
Lisois ni vertueux, ni superbe à demi,
Aurait bravé le Prince, & cède à son ami.
Je fais plus, de mes sens maitrisant la faiblesse,
J'ose de mon rival appuier la tendresse,

A ij

Vous montrer votre gloire & ce que vous devez
Au Héros qui vous sert, & par qui vous vivez ;
Je verrai d'un œil sec, & d'un cœur sans envie
Cet Himen qui pouvait empoisonner ma vie,
Je réunis pour vous mon service & mes vœux,
Ce bras qui fut à lui, combattra pour tous deux,
Voilà mes sentimens : Si je me sacrifie,
L'amitié me l'ordonne & sur tout la patrie.
Songez que si l'Himen vous range sous sa loi,
Si le Prince est à vous, il est à votre Roi.

AMELIE.

Qu'avec étonnement, Seigneur, je vous contemple
Que vous donnez au monde un rare & grand exemple
Quoi ce cœur (je le crois sans feinte & sans détour)
Connait l'amitié seule & sait braver l'amour !
Il faut vous admirer quand on sait vous connaître,
Vous servez votre ami, vous servirez mon Maître :
Un cœur si généreux doit penser comme moi,
Tous ceux de votre sang sont l'appui de leur Roi.
Eh bien, de vos vertus je demande une grace.

LISOIS.

Vos ordres sont sacrés, que faut-il que je fasse ?

AMELIE.

Vos conseils généreux me pressent d'accepter
Ce rang dont un grand Prince à daigné me flatter,
Je ne me cache point combien son choix m'honore,
J'en vois toute la gloire, & quand je songe encore
Qu'avant qu'il fut épris de ce funeste amour,
Il daigna me sauver & l'honneur & le jour,
Tout ennemi qu'il est de son Roi légitime,
Tout allié du Maure, & protecteur du crime,
Accablée à ses yeux du poids de ses bienfaits,
Je crains de l'affliger, Seigneur, & je me tais,
Mais malgré son service & ma reconnaissance

TRAGÉDIE.

Il faut par des refus répondre à sa constance,
Sa passion m'afflige, il est dur à mon cœur,
Pour prix de ses bontés, de causer son malheur;
Non, Seigneur, il lui faut épargner cet outrage.
Qui pourait mieux que vous gouverner son courage?
Est-ce à ma faible voix d'annoncer son devoir?
Je suis loin de chercher ce dangereux pouvoir.
Quel appareil affreux! quel tems pour l'Himenée!
Des armes de mon Roi la ville environnée
N'attend que des assauts, ne voit que des combats,
Le sang de tous côtés coule ici sous mes pas;
Armé contre mon Maître, armé contre son frere?
Que de raisons!... Seigneur, c'est en vous que j'espère,
Pardonnez... achevez vos desseins généreux,
Qu'il me rende à mon Roi, c'est tout ce que je veux,
Ajoutez cet effort à l'effort que j'admire,
Vous devez sur son cœur avoir pris quelqu'empire,
Un esprit mâle & ferme, un ami respecté
Fait parler le devoir avec autorité,
Ses conseils sont des Loix.

LISOIS.

      Il en est peu, Madame,
Contre les passions qui subjuguent son ame,
Et son emportement a droit de m'allarmer.
Le Prince est soupçonneux, & j'osai vous aimer,
Quels que soient les ennuis dont votre cœur soupire,
Je vous ai déja dit ce que j'ai dû vous dire,
Laissez-moi ménager son esprit ombrageux,
Je crains d'effaroucher ses feux impétueux,
Je sais à quels excès irait sa jalousie,
Quel poison mes discours répandroient sur sa vie,
Je vous perdrois peut-être, & mes soins dangereux,
Madame, avec un mot feraient trois malheureux.
Vous, à vos intérêts rendez-vous moins contraire;

Pefez fans paffion l'honneur qu'il vous veut faire :
Moi, libre entre vous deux fouffrez que dès ce jour,
Oubliant à jamais le langage d'amour,
Tout entier à la guerre, & maître de mon ame ,
J'abandonne à leur fort & vos vœux & fa flamme ;
Je crains de l'outrager, je crains de vous trahir,
Et ce n'eft qu'aux combats que je dois le fervir :
Laiffez-moi d'un foldat garder le caractére,
Madame, & puifqu'enfin la France vous eft chére,
Rendez-lui ce Héros qui ferait fon appui.
Je vous laiffe y penfer, & je cours près de lui.

SCENE II.

AMELIE', TAÏSE.

AMELIE.

AH ! s'il faut à ce prix le donner à la France,
Un fi grand changement n'eft pas en ma puiffance ;
Taïfe, & cet Himen eft un crime à mes yeux.

TAISE.

Quoi le Prince à ce point vous feroit odieux ?
Quoi ! dans ces triftes rems de ligues & de haines
Qui confondent des droits les bornes incertaines,
Où le meilleur parti femble encor fi douteux,
Où les enfans des Rois font divifés entr'eux,
Vous qu'un aftre plus doux femblait avoir formée
Pour l'unique douceur d'aimer & d'être aimée,
Pouvez-vous n'oppofer qu'un fentiment d'horreur
Aux foupirs d'un Héros qui fut votre vengeur ?

Vous ſçavez que ce Prince au rarg de ſes ancêtres
Compte les premiers Rois que la France eut pour
       Maîtres,
D'un puiſſant appanage il eſt né ſouverain,
Il vous aime, il vous ſert, il vous offre ſa main,
Ce rang à qui tout céde & pour qui tout s'oublie,
Brigué par tant d'appas, objet de tant d'envie,
Ce rang qui touche au trône, & qu'on met à vos pieds,
Peut-il cauſer les pleurs dont vos yeux ſont noyés?

          AMELIE.

Quoi, pour m'avoir ſauvée, il faudra qu'il m'oprime!
De ſon fatal ſecours je ſerai la victime;
Je lui dois tout ſans doute, & c'eſt pour mon malheur.

          TAISE.

C'eſt être trop injuſte.

          AMELIE.

               Eh bien connais mon cœur;
Mon devoir, mes douleurs, le deſtin qui me lie;
Je mets entre tes mains le ſecret de ma vie,
De ta foi déſormais c'eſt trop me défier,
Et je me livre à toi pour me juſtifier;
Vois combien mon devoir à ſes vœux eſt contraire
Mon cœur n'eſt point à moi, ce cœur eſt à ſon frere.

          TAISE.

Quoi! Ce vaillant Vamir?

          AMELIE.

               Nos ſermens mutuels
Dévançaient les ſermens réſervés aux autels,
J'attendais dans Leucate en ſecret retirée.
Qu'il y vint dégager la foi qu'il m'a jurée,
Quand les Maures cruels innondant nos déſerts,
Sous mes toits embraſés me chargérent de fers;
Le Duc eſt l'allié de ce peuple indomptable;
Il me ſauva Taïſe, & c'eſt ce qui m'accable.

                A iv

Mes jours à mon amant seront-ils réservés ?
Jours tristes, jours affreux qu'un autre a conservés.

T A I S E.

Pourquoi donc avec lui vous obstinant à feindre,
Nourir en lui des feux qu'il vous faudrait éteindre ?
Il eut pû respecter ces saints engagemens ,
Vous eussiez mis un frein à ses emportemens.

A M E L I E.

Je ne le puis., le ciel pour combler mes miséres ,
Voulut l'un contre l'autre animer les deux freres.
Vamir toujours fidéle à son maître , à nos lois ,
A contre un revolté vengé l'honneur des Rois.
De son rival altier tu vois la violence ;
J'oppose à ses fureurs un douloureux silence ;
Il ignore du moins qu'en des tems plus heureux
Vamir a prévenu ses desseins amoureux :
S'il en était instruit sa jalousie affreuse
Le rendrait plus à craindre & moi plus malheureuse.
C'en est trop, il est tems de quitter ses Etats,
Fuyons des ennemis ; mon Roi me tend les bras.
Ces prisonniers , Taïse , à qui le sang te lie ,
De ces murs en secret méditent leur sortie,
Ils pourront me conduire , ils pourront m'escorter ;
Il n'est point de péril que je n'ose affronter.
Je hasarderai tout pourvû qu'on me délivre
De la prison illustre où je ne sçaurais vivre.

T A I S E.

Madame, il vient à vous.

A M E L I E.

Je ne puis lui parler;
Il verroit trop mes pleurs toujours prêts à couler.
Que ne puis-je à jamais éviter sa poursuite !

SCENE III.

LE DUC DE FOIX, LISOIS, TAISE.

LE DUC à Taïse.

EST-ce elle qui m'échappe, est-ce elle qui m'é-
vite ?
Taïse demeurez ; vous connaiffez trop bien
Les transports douloureux d'un cœur tel que le mien ;
Vous savez fi je l'aime & fi je l'ai fervie,
Si j'attends d'un regard le deftin de ma vie ;
Qu'elle n'étende pas l'excès de fon pouvoir
Jufqu'à porter ma flâme au dernier défefpoir.
Je hais ces vains refpects, cette reconnaiffance
Que fa froideur timide oppofe à ma conftance ;
Le plus léger délai m'eft un cruel refus,
Un affront que mon cœur ne pardonnera plus.
C'eft en vain qu'à la France, à fon maître fidéle,
Elle étale à mes yeux le fafte de fon zéle ;
Il eft tems que tout céde à mon amour, à moi,
Qu'elle trouve en moi feul fa patrie & fon Roi ;
Elle me doit la vie & jufqu'à l'honneur même ;
Et moi je lui dois tout puifque c'eft moi qui l'aime ;
Unis par tant de droits c'eft trop nous féparer,
L'autel eft prêt, j'y cours, allez l'y préparer.

SCENE IV.

LE DUC, LISOIS.

LISOIS.

SEigneur, songez-vous bien que de cette journée,
Peut-être de l'Etat dépend la destinée ?

LE DUC.

Oui, vous me verrez vaincre ou mourir son époux.

LISOIS.

L'ennemi s'avançait & n'est pas loin de nous.

LE DUC.

Je l'attends sans le craindre, & je vais le combattre.
Crois-tu que ma faiblesse ait pû jamais m'abattre !
Penses-tu que l'amour mon tyran, mon vainqueur,
De la gloire en mon ame ait étouffé l'ardeur ?
Si l'ingratte me hait, je veux qu'elle m'admire ;
Elle a sur moi sans doute un souverain empire,
Et n'en a point assez pour flétrir ma vertu ;
Ah, trop sévére ami que me reproches-tu ?
Non ne me juge point avec tant d'injustice,
Est-il quelque Français que l'amour avilisse ?
Amants, aimés, heureux, ils vont tous aux combats ;
Et du sein du bonheur ils volent au trépas.
Je mourrai digne au moins de l'ingratte que j'aime.

LISOIS.

Que mon Prince plutôt soit digne de lui-même.
Le salut de l'Etat n'occupait en ce jour,
Je vous parle du vôtre, & vous parlez d'amour !

Seigneur, des ennemis j'ai visité l'armée,
Déja de tous côtés la nouvelle est semée
Que Vamir votre frere est armé contre nous,
Je sais que dès longtems il s'éloigna de vous ;
Vamir ne m'est connu que par la renommée ;
Mais si par le devoir, par la gloire animée,
Son ame écoute encor ces premiers sentimens
Qui l'attachaient à vous dans la fleur de vos ans,
Il peut vous ménager une paix nécessaire.
Et mes soins.....

LE DUC.
        Moi, devoir quelque chose à mon frere !
Près de mes ennemis mandier sa faveur ?
Pour le haïr sans doute, il en coute à mon cœur.
Je n'ai point oublié notre amitié passée ;
Mais puisque ma fortune est par lui traversée,
Puisque mes ennemis l'ont détaché de moi,
Qu'il reste au milieu d'eux, qu'il serve sous un Roi.
Je ne veux rien de lui.

LISOIS.
        Votre fiére constance
D'un Monarque irrité brave trop la vengeance.

LE DUC.
Quel Monarque ? un fantome, un Prince efféminé,
Indigne de sa race, esclave couronné,
Sur un trône avili soumis aux loix d'un Maire ?
De Pepin son tyran je crains peu la colere ;
Je déteste un sujet qui croit m'intimider,
Et je méprise un Roi qui n'ose commander :
Puisqu'il laisse usurper sa grandeur souveraine
Dans mes Etats au moins je soutiendrai la mienne.
Ce cœur est trop altier pour adorer les loix
De ce Maire insolent, l'oppresseur de ses Rois,
Et Clovis que je compte au rang de mes ancêtres,

N'aprit point à ses fils à ramper sous des maîtres.
Les Arabes du moins s'arment pour me venger,
Et tiran pour tiran j'aime mieux l'étranger.

LISOIS.

Vous haïssez un Maire & votre haine est juste;
Mais ils ont des Français sauvé l'Empire auguste,
Tandis que nous aidons l'Arabe à l'opprimer;
Cette triste alliance a dequoi m'allarmer;
Nous préparons peut-être un avenir horrible,
L'exemple de l'Espagne est honteux & terrible;
Ces brigans Africains sont des tirans nouveaux
Qui font servir nos mains à creuser nos tombeaux.
Ne vaudroit-il pas mieux fléchir avec prudence?

LE DUC.

Non je ne peux jamais implorer qui m'offense.

LISOIS.

Mais vos vrais intérêts oubliés trop longtems....

LE DUC.

Mes premiers intérêts sont mes ressentimens.

LISOIS.

Ah! vous écoutez trop l'amour & la colére.

LE DUC.

Je le sai, je ne peux fléchir mon caractére.

LISOIS.

On le peut, on le doit, je ne vous flatte pas,
Mais en vous condamnant je suivrai tous vos pas.
Il faut à son ami montrer son injustice,
L'éclairer, l'arrêter au bord du précipice;
Je l'ai dû, je l'ai fait malgré votre couroux.
Vous y voulez tomber, & j'y cours avec vous.

LE DUC.

Ami, que m'as-tu dit?

LISOIS.

Ce que j'ai dû vous dire,

TRAGÉDIE.

Ecoutez un peu plus l'amitié qui m'inspire,
Quel parti prendrez-vous ?

LE DUC.

Quand mes brulans desseins
Auront soumis l'objet qui brave mes soupirs,
Quand l'ingrate Amélie à son devoir rendue
Aura remis la paix dans cette ame éperdue,
Alors j'écouterai tes conseils généreux.
Mais jusqu'à ce moment sai-je ce que je veux ?
Tant d'agitations, de tumultes, d'orages,
Ont sur tous les objets répandu des nuages.
Puis-je prendre un parti, puis-je avoir un dessein ?
Allons près du tiran qui seul fait mon destin.
Que l'ingrate à son gré décide de ma vie,
Et nous déciderons du sort de la patrie.

Fin du premier Acte.

ACTE II.

SCENE PREMIERE.

LE DUC DE FOIX (*seul.*)

OSERA-T-ELLE encor refuſer de me voir?
Ne craindra-t-elle point d'aigrir mon déſeſpoir?
Ah! c'eſt moi ſeul ici qui tremble de déplaire.
Ame ſuperbe & faible! eſclave volontaire,
Cours aux pieds de l'ingrate abaiſſer ton orgueil;
Vois tes jours dépendans d'un mot & d'un coup d'œil!
Lâche, conſume-les dans l'éternel paſſage,
Du dépit aux reſpects & des pleurs à la rage!
Pour la derniere fois, je prétends lui parler.
Allons....

SCENE II.

LE DUC, AMELIE, & TAISE
(*dans le fonds.*)

AMELIE

J'Eſpere encor, & tout me fait trembler,

Vamir tenteroit il une telle entreprise?
Que de dangers nouveaux ! Ah ! que vois-je, Taïse?

LE DUC.

J'ignore quel objet attire ici vos pas;
Mais vos yeux disent trop qu'ils ne me cherchent pas;
Quoi ! vous les détournez ? Quoi ! vous voulez encore
Insulter aux tourmens d'un cœur qui vous adore,
Et de la tyrannie exerçant le pouvoir,
Nourrir votre fierté de mon vain désespoir?
C'est à ma triste vie ajouter trop d'allarmes,
Trop flétrir des lauriers arrosés de mes larmes,
Et qui me tiendront lieu de malheur & d'affront,
S'ils ne sont par vos mains attachés sur mon front,
Si votre incertitude allarmant mes tendresses,
Peut encor démentir la foi de vos promesses.

AMELIE.

Je ne vous promis rien, vous n'avez point ma foi,
Et la reconnaissance est tout ce que je doi.

LE DUC.

Quoi? lorsque de ma main je vous offrais l'hommage?

AMELIE.

D'un si noble présent j'ai vû tout l'avantage;
Et sans chercher ce rang qui ne m'étoit pas dû,
Par de justes respects je vous ai répondu,
Vos bienfaits, votre amour, & mon amitié même,
Tout vous flattait sur moi d'un empire suprême,
Tout vous a fait penser qu'un rang si glorieux
Présenté par vos mains éblouirait mes yeux;
Vous vous trompiez; il faut rompre enfin le silence:
Je vais vous offenser; je me fais violence;
Mais réduite à parler, je vous dirai, Seigneur,
Que l'amour de mes Rois est gravé dans mon cœur,
Votre sang est auguste, & le mien est sans crime,
Il coula pour l'Etat que l'étranger opprime,

Cominge, mon ayeul, dans mon cœur a transmis
La haine qu'un Français doit à ses ennemis,
Et sa fille jamais n'acceptera pour maître,
L'ami de nos tyrans, quelque grand qu'il puisse être.
Voilà les sentimens que son sang m'a tracés,
Et s'ils vous font rougir, c'est vous qui m'y forcés.

LE DUC.

Je suis, je l'avouerai, surpris de ce langage;
Je ne m'attendais pas à ce nouvel outrage,
Et n'avais pas prévû que le sort en courroux
Pour m'accabler d'affronts, dût se servir de vous.
Vous avez fait, Madame, une secrette étude
Du mépris, de l'insulte, & de l'ingratitude;
Et votre cœur enfin lent à se déploier,
Hardi par ma faiblesse a paru tout entier.
Je ne connaissais pas tout ce zéle héroïque,
Tant d'amour pour l'Etat, & tant de politique;
Mais vous qui m'outragez, me connaissez-vous bien?
Vous reste-t-il ici de parti que le mien?
M'osez-vous reprocher une heureuse alliance
Qui fait ma sûreté, qui soutient ma puissance,
Sans qui vous gémiriez dans la captivité,
A qui vous avez dû, l'honneur, la liberté?
Est-ce donc-là le prix de vous avoir servie?

AMELIE.

Oui, vous m'avez sauvée; oui, je vous dois la vie;
Mais de mes tristes jours ne puis-je disposer?
Me les conserviez-vous pour les tyranniser?

LE DUC.

Je deviendrai tyran, mais moins que vous, cruelle;
Mes yeux lisent trop bien dans votre ame rebelle;
Tous vos prétextes faux m'aprennent vos raisons,
Je vois mon deshonneur, je vois vos trahisons,

Quel

Quel que soit l'insolent que ce cœur me préfére,
Redoutez mon amour, tremblez de ma colére:
C'est lui seul désormais que mon bras va chercher,
De son cœur tout sanglant j'irai vous arracher;
Et, si dans les horreurs du sort qui nous accable,
De quelque joie encor ma fureur est capable,
Je la mettrai, perfide, à vous désespérer.

A M E L I E.

Non, Seigneur, la raison sçaura vous éclairer;
Non, votre ame est trop noble elle est trop élevée
Pour opprimer ma vie, après l'avoir sauvée;
Mais si votre grand cœur s'avilissait jamais
Jusqu'à persécuter l'objet de vos bienfaits;
Sçachez que ces bienfaits, vos vertus, votre gloire,
Plus que vos cruautés vivront dans ma mémoire.
Je vous plains, vous pardonne, & veux vous respecter;
Je vous ferai rougir de me persécuter;
Et je conserverai, malgré votre menace,
Une ame sans courroux, sans crainte, & sans audace.

L E   D U C.

Arrêtez; pardonnez aux transports égarés,
Aux fureurs d'un Amant que vous désespérés;
Je vois trop qu'avec vous Lisois d'intelligence,
D'une Cour qui me hait embrasse la défense,
Que vous voulez tous deux m'unir à votre Roi,
Et de mon sort enfin disposer malgré moi;
Vos discours sont les siens. Ah! parmi tant d'allarmes,
Pourquoi recourez-vous à ces nouvelles armes?
Pour gouverner mon cœur, l'asservir, le changer,
Aviez-vous donc besoin d'un secours étranger?
Aimez: il suffira d'un mot de votre bouche.

A M E L I E.

Je ne vous cache point que du soin qui me touche

B

A votre ami, Seigneur, mon cœur s'était remis;
Je vois qu'il a plus fait qu'il ne m'avait promis.
Ayez pitié des pleurs que mes yeux lui confient,
Vous les faites couler; que vos mains les essuient:
Devenez assez grand pour apprendre à dompter
Des feux, que mon devoir me force à rejetter.
Laissez-moi toute entiere à la reconnaissance.

LE DUC.

Ainsi le seul Lisois a votre confiance;
Mon outrage est connu, je sçai vos sentimens.

AMELIE.

Vous les pourrez, Seigneur, connaître avec le tems;
Mais vous n'aurez jamais le droit de les contraindre,
Ni de les condamner, ni même de vous plaindre.
Du généreux Lisois j'ai recherché l'appui:
Imitez sa grande ame, & pensez comme lui.

SCENE III.

LE DUC (seul.)

EH bien! c'en est donc fait, l'ingrate, la parjure,
A mes yeux sans rougir étale mon injure;
De tant de trahisons, l'abîme est découvert.
Je n'avois qu'un ami: c'est lui seul qui me perd!
Amitié, vain fantôme, ombre que j'ai chérie,
Toi, qui me consolais des malheurs de ma vie,
Bien que j'ai trop aimé, que j'ai trop méconnu,
Trésor cherché sans cesse, & jamais obtenu,
Tu m'as trompé, cruelle, autant que l'amour même,
Et maintenant pour prix de mon erreur extrême,

Détrompé des faux biens trop faits pour me charmer,
Mon deftin me condamne à ne plus rien aimer.
Le voilà cet ingrat, qui fier de fon parjure,
Vient encor de fes mains déchirer ma bleffure.

SCENE IV.

LE DUC, LISOIS.

LISOIS.

A Vos ordres, Seigneur, vous me voyez rendu.
D'où vient fur votre front ce chagrin répandu?
Votre ame aux paffions long-tems abandonnée,
A-t-elle en liberté pefé fa deftinée.

LE DUC.

Oui.

LISOIS.

Quel eft le projet où vous vous arrêtés?

LE DUC.

D'ouvrir enfin les yeux aux infidélités,
De fentir mon malheur & d'apprendre à connaître
La perfide amitié d'un rival & d'un traître.

LISOIS.

Comment?

LE DUC.

C'en eft affez.

LISOIS.

C'en eft trop entre nous.
Ce traître, quel eft-il?

LE DUC.

Me le demandez-vous?

B ij

De l'affront inoui qui vient de me confondre,
Quel autre était instruit, quel autre en doit répondre ?
Je sçai trop qu'Amelie ici vous a parlé,
En vous nommant à moi, l'infidelle a tremblé ;
Vous affectez sur elle un odieux silence,
Interprète muet de votre intelligence.
Je ne sçai qui des deux je dois plus détester.

LISOIS.

Vous sentez-vous capable au moins de m'écouter ?

LE DUC.

Je le veux.

LISOIS.

    Pensez-vous que j'aime encor la gloire ?
M'estimez-vous encor, & pouvez-vous me croire ?

LE DUC.

Oui, jusqu'à ce moment je vous crus vertueux ;
Je vous crus mon ami.

LISOIS.

      Ces titres précieux
Ont été jusqu'ici la régle de ma vie ;
Mais vous, méritez-vous que je me justifie ?
Apprenez qu'Amelie avoit touché mon cœur,
Avant que de sa vie heureux libérateur,
Vous eussiez par vos soins, par cet amour sincére,
Sur-tout par vos bienfaits, tant de droits de lui plaire,
Moi, plus soldat que tendre, & dédaignant toujours
Ce grand art de séduire inventé dans les Cours,
Ce langage flatteur & souvent si perfide,
Peu fait pour mon esprit peut-être trop rigide,
Je lui parlai d'himen ; & ce nœud respecté,
Resserré par l'estime & par l'égalité,
Pouvait lui préparer des destins plus propices,
Qu'un rang plus élevé, mais sur des précipices.

Hier avec la nuit, je vins dans vos remparts,
Tout votre cœur parut à mes premiers regards,
Aujourd'hui j'ai revû cet objet de vos larmes ;
D'un œil indifferent j'ai regardé ses charmes,
Et je me suis vaincu, sans rendre de combats ;
J'ai fait valoir vos feux que je n'approuve pas.
J'ai de tous vos bienfaits rappellé la mémoire,
L'éclat de votre rang, celui de votre gloire,
Sans cacher vos défauts, vantant votre vertu ;
Et pour vous contre moi j'ai fait ce que j'ai dû.
Je m'immole à vous seul. & je me rends justice,
Et si ce n'est assez d'un pareil sacrifice,
S'il est quelque rival qui vous ose outrager,
Tout mon sang est à vous ; & je cours vous venger.

LE DUC.

Que tout ce que j'entends t'eleve & m'humilie !
Ah ! tu devais sans doute adorer Amelie ;
Mais qui peut commander à son cœur enflammé !
Non, tu n'as pas vaincu ; tu n'avais point aimé.

LISOIS.

J'aimais, & notre amour suit notre caractére.

LE DUC.

Je ne peux t'imiter : mon ardeur m'est trop chére.
Je t'admire avec honte ; il le faut avouer,
Mon cœur....

LISOIS.

Aimez-moi, Prince, au lieu de me loüer,
Et si vous me devez quelque reconnaissance,
Faites votre bonheur, il est ma récompense.
Vous voyez quelle ardente & fiére inimitié
Votre frere nourrit contre votre allié ;
La suite, croyez-moi, peut en être funeste ;
Vous êtes sous un joug que ce peuple déteste ;
Je prévois que bientôt on verra réunis

Les débris dispersés de l'empire des lis.
Chaque jour nous produit un nouvel adversaire ;
Hier le Béarnais , aujourd'hui votre frere.
Le pur sang de Clovis est toujours adoré,
Tôt ou tard il faudra que de ce tronc sacré
Les rameaux divisés & courbés par l'orage
Plus unis & plus beaux soient notre unique ombrage.
Vous, placé près du trône , à ce trône attaché,
Si les malheurs des tems vous en ont arraché ,
A des nœuds étrangers, s'il falut vous résoudre ,
L'intérêt qui les forme a droit de les dissoudre.
On pourrait balancer avec dextérité
Des Maires du Palais la fiére autorité ;
Et bientôt par vos mains leur puissance affaiblie.....

LE DUC.

Je le souhaite au moins ; mais crois-tu qu'Amélie,
Dans son cœur amoli partagerait mes feux
Si le même parti nous unissait tous deux ?
Penses-tu qu'à m'aimer je pourais la réduire ?

LISOIS.

Dans le fond de son cœur je n'ai point voulu lire ;
Mais qu'importent pour vous ses vœux & ses desseins ?
Faut-il que l'amour seul fasse ici nos destins ?
Lorsque le grand Clovis aux champs de la Tourraine
Détruisit les vainqueurs de la grandeur Romaine,
Quand son bras arrêta dans nos champs inondés
Des Ariens sanglants les torrents débordés ,
Tant d'honneurs étoient-ils l'effet de sa tendresse ?
Sauva-t-il son païs pour plaire à sa maîtresse ?
Mon bras contre un rival est prêt à vous servir ;
Je voudrais faire plus , je voudrais vous guérir.
On connait peu l'amour, on craint trop son amorce,
C'est sur nos passions qu'il a fondé sa force ;
C'est nous qui sous son nom troublons notre repos,

Il eſt tiran du faible, eſclave du Héros.
Puiſque je l'ai vaincu, puiſque je le dédaigne,
Sur le ſang de nos Rois ſouffrirez-vous qu'il regne?
Vos autres ennemis par vous ſont abatus;
Et vous devez en tout l'exemple des vertus.

LE DUC.

Le ſort en eſt jetté, je ferai tout pour elle,
Il faut bien à la fin déſarmer la cruélle.
Ses loix feront mes loix; ſon Roi ſera le mien;
Je n'aurai de parti, de maître que le ſien;
Poſſeſſeur d'un tréſor où s'attache ma vie,
Avec mes ennemis je me réconcilie.
Je lirai dans ſes yeux mon ſort & mon devoir;
Mon cœur eſt ennivré de cet heureux eſpoir.
Je n'ai point de rival, j'avais tort de me plaindre;
Si tu n'es point aimé, quel mortel ai-je à craindre?
Qui pourait dans ma Cour avoir pouſſé l'orgueil,
Juſqu'à laiſſer vers elle échaper un coup d'œil?
Enfin, plus de prétexte à ſes refus injuſtes;
Raiſon, gloire, intérêts, & tous ces droits auguſtes
Des Princes de mon ſang, & de mes ſouverains,
Sont des liens ſacrés reſſerrés par ſes mains.
Du Roi puiſqu'il le faut, ſoûtenons la couronne,
La vertu le conſeille, & la beauté l'ordonne.
Je veux entre tes mains, dans ce fortuné jour,
Sceller tous les ſermens que je fais à l'amour;
Quant à mes intérêts, que toi ſeul en décide.

LISOIS,

Souffrez donc près du Roi que mon zéle me guide;
Peut-être il eût fallu que ce grand changement
Ne fût dû qu'au Héros & non pas à l'amant;
Mais ſi d'un ſi grand cœur une femme diſpoſe,
L'effet en eſt trop beau pour en blâmer la cauſe,
Et mon cœur tout rempli de cet heureux retour,
Bénit votre faibleſſe, & rend grace à l'amour.

SCENE V.

LE DUC, LISOIS, UN OFFICIER.

L'OFFICIER.

SEIGNEUR, auprès des murs les ennemis paraissent;
On prépare l'assaut, le tems, les périls pressent :
Nous attendons votre ordre.

LE DUC.

Eh bien! cruels destins,
Vous l'emportez sur moi, vous trompez mes desseins;
Plus d'accord, plus de paix, je vole à la victoire,
Méritons Amélie en me couvrant de gloire.
Je ne suis pas en peine, ami, de résister
Aux téméraires mains qui m'osent insulter.
De tous les ennemis qu'il faut combattre encore,
Je n'en redoute qu'un, c'est celui que j'adore.

Fin du second Acte.

ACTE

ACTE III.

SCENE PREMIERE.

LE DUC DE FOIX, LISOIS.

LE DUC.

LA victoire eſt à nous, vos ſoins l'ont aſſurée
Vous avez ſçu guider ma jeuneſſe égarée.
Liſois m'eſt néceſſaire aux conſeils, aux combats,
Et c'eſt à ſa grande ame à diriger mon bras.

LISOIS.

Prince, ce feu guerrier qu'en vous on voit paraître
Sera maître de tout, quand vous en ſerez maître:
Vous l'avez pû régler, & vous avez vaincu.
Ayez dans tous les tems cette heureuſe vertu:
L'effet en eſt illuſtre autant qu'il eſt utile :
Le faible eſt inquiet, le grand homme eſt tranquille

LE DUC.

Eh ! l'amour eſt-il fait pour la tranquillité?
Mais ce chef inconnu ſur nos remparts monté,
Qui tint ſeul ſi longtems la victoire en balance,
Qui m'a rendu jaloux de ſa haute vaillance,

C

Que devient-il?

LISOIS.

Seigneur, environné de morts,
Il a seul repoussé nos plus puissans efforts.
Mais ce qui me confond & qui doit vous surprendre,
Pouvant nous échaper il est venu se rendre;
Sans vouloir se nommer & sans se découvrir,
Il accusait le Ciel & cherchait à mourir.
Un seul de ses suivants auprès de lui partage
La douleur qui l'accable & le sort qui l'outrage.

LE DUC.

Quel est donc, cher ami, ce chef audacieux
Qui cherchant le trépas se cachait à nos yeux?
Son casque était fermé. Quel charme inconcevable,
Quand je l'ai combattu, le rendait respectable?
Un je ne sçai quel trouble en moi s'est élevé:
Soit que ce triste amour dont je suis captivé
Sur mes sens égarés répandant sa tendresse,
Jusqu'au sein des combats m'ait prêté sa faiblesse;
Qu'il ait voulu marquer toutes mes actions
Pour la molle douceur de ses impressions;
Soit plutôt que la voix de ma triste patrie
Parle encore en secret au cœur qui l'a trahie;
Ou que le trait fatal enfoncé dans ce cœur
Corrompe en tous les tems ma gloire & mon bonheur.

LISOIS.

Quant aux traits dont votre ame a senti la puissance,
Tous les conseils sont vains, agréez mon silence.
Mais ce sang des Français que nos mains font couler,
Mais l'Etat, la patrie, il faut vous en parler.
Vos nobles sentimens peuvent encor paraître:
Il est beau de donner la paix à votre Maître.
Son égal aujourd'hui, demain dans l'abandon,
Vous vous verriez réduit à demander pardon,

Sûr enfin d'Amélie & de votre fortune,
Fondez votre grandeur sur la cause commune ;
Ce guerrier, quel qu'il soit, remis entre vos mains,
Pourra servir lui-même à vos justes desseins :
De cet heureux moment saisissons l'avantage.

LE DUC.

Ami, de ma parole Amélie est le gage,
Je la tiendrai : je vais de ce même moment
Préparer les esprits à ce grand changement.
A tes conseils heureux tous mes sens s'abandonnent,
La gloire, l'Himenée & la paix me couronnent ;
Et libre des chagrins où mon cœur fut noyé,
Je dois tout à l'amour & tout à l'amitié.

SCENE II.

LISOIS, VAMIR, EMAR dans le fond du Théâtre.

LISOIS.

JE me trompe, ou je vois ce captif qu'on amène,
Un des siens l'accompagne ; il se soutient à peine,
Il paraît accablé d'un désespoir affreux,

VAMIR.

Où suis-je? Où vais-je? O Ciel!

LISOIS.

Chevalier généreux,
Vous êtes dans des murs où l'on chérit la gloire,
Où l'on n'abuse point d'une faible victoire,
Où l'on sçait respecter de braves ennemis :

C ij

C'est en de nobles mains que le sort vous a mis.
Ne puis-je vous connaître ? & faut-il qu'on ignore
De quel grand prisonnier le Duc de Foix s'honore ?

VAMIR.

Je suis un malheureux, le jouet des destins,
Dont la moindre infortune est d'être entre vos mains.
Souffrez qu'au Souverain de ce séjour funeste
Je puisse au moins cacher un sort que je déteste,
Me faut-il des témoins encor de mes douleurs ?
On apprendra trop tôt mon nom & mes malheurs,

LISOIS.

Je ne vous presse point, Seigneur ; je me retire,
Je respecte un chagrin dont votre cœur soupire,
Croiez que vous pourez retrouver parmi nous
Un destin plus heureux & plus digne de vous,

SCENE III.

VAMIR, EMAR.

VAMIR,

UN destin plus heureux ! mon cœur en désespere ;
J'ai trop vécu.

EMAR.

Seigneur, dans un sort si contraire
Rendez graces au Ciel de ce qu'il a permis
Que vous soiez tombé sous de tels ennemis,
Non sous le joug affreux d'une main étrangére.

VAMIR.

Qu'il est dur bien souvent d'être aux mains de son frére !

TRAGÉDIE

EMAR.

Mais ensemble élevés dans des tems plus heureux,
La plus tendre amitié vous uniffait tous deux.

VAMIR.

Il m'aimait autrefois ; c'eft ainfi qu'on commence ;
Mais bientôt l'amitié s'envole avec l'enfance.
Il ne fçait pas encor ce qu'il me fait fouffrir,
Et mon cœur déchiré ne faurait le haïr.

EMAR.

Il ne foupçonne pas qu'il ait en fa puiffance
Un frère infortuné qu'animait la vengeance.

VAMIR.

Non, la vengeance, ami, n'entra point dans mon
    cœur ;
Qu'un foin trop différent égara ma valeur !
Jufte Ciel ! eft-il vrai ce que la renommée
Annonçait dans la France à mon ame allarmée ?
Eft-il vrai qu'Amélie après tant de fermens
Ait violé la foi de fes engagémens
Et pour qui ? jufte Ciel ! O comble de l'injure !
O neuds du tendre amour, ô loix de la nature !
Liens facrés des cœurs, êtes-vous tous trahis ?
Tous les maux dans ces lieux font fur moi réunis.
Frére injufte, cruel !

EMAR.

             Vous difiez qu'il ignore
Que parmi tant de biens qu'il vous enléve encore,
Amélie en effet eft le plus précieux,
Qu'il n'avait jamais fçû le fecret de vos feux.

VAMIR.

Elle le fait, l'ingrate ; elle fçait que ma vie
Par d'éternels fermens à la fienne eft unie ;
Elle fait qu'aux autels nous allions confirmer
Ce devoir que nos cœurs s'étaient fait de s'aimer.

                        C iij

Quand le Maure enleva mon unique espérance,
Et je n'ai pû sur eux achever ma vengeance !
Et mon frere a ravi le bien que j'ai perdu !
Il jouit des malheurs dont je suis confondu.
Quel est donc en ces lieux le dessein qui m'entraîne ?
La consolation trop funeste & trop vaine
De faire avant ma mort à ses traîtres appas
Un reproche inutile, & qu'on n'entendra pas !
Allons, je périrai, quoique le Ciel décide,
Fidéle au Roi mon maître & même à la perfide.
Peut-être en apprenant ma constance & mon sort,
Dans les bras de mon frére elle plaindra ma mort.

E M A R.

Cachez vos sentimens, c'est lui qu'on voit paraître.

V A M I R.

Des troubles de mon cœur puis-je me rendre maître !

S C E N E IV.

LE DUC DE FOIX , VAMIR , EMAR.

L E D U C.

CE mystére m'irrite, & je prétens savoir
Quel guerrier les destins ont mis en mon pouvoir :
Il semble avec horreur qu'il détourne la vuë.

V A M I R.

O lumiere du jour, pourquoi m'es-tu renduë !
Te verrai-je infidéle ! en quels lieux ! à quel prix !

L E D U C.

Qu'entends-je ? Et quels accens ont frappé mes esprits ?

V A M I R.

M'as-tu pû méconnaître ?

LE DUC

Ah Vamir ! ah mon frere.

VAMIR.

Ce nom jadis si cher, ce nom me désespère.
Je ne le suis que trop, ce frere infortuné,
Ton ennemi vaincu , ton captif enchaîné.

LE DUC.

Tu n'es plus que mon frere, & mon cœur te pardonne.
Mais je te l'avouerai, ta cruauté m'étonne.
Si ton Roi me poursuit, Vamir, étoit-ce à toi
A briguer, à remplir cet odieux emploi ?
Que t'ai-je fait ?

VAMIR.

Tu fais le malheur de ma vie.
Je voudrais qu'aujourd'hui ta main me l'eût ravie.

LE DUC.

De nos troubles civils quels effets malheureux !

VAMIR.

Les troubles de mon cœur sont encor plus affreux.

LE DUC.

J'eusse aimé contre un autre à montrer mon courage.
Vamir , que je te plains !

VAMIR.

Je te plains davantage,
De haïr ton païs, de trahir sans remords
Et le Roi qui t'aimait & le sang dont tu sors.

LE DUC.

Arrête , épargne-moi l'infâme nom de traître.
A cet indigne mot, je m'oublirais peut-être.
Non , mon frere , jamais je n'ai moins mérité
Le reproche odieux de l'infidélité.
Je suis prêt de donner à nos tristes Provinces ,
A la France sanglante, au reste de nos Princes ,
L'exemple auguste & saint de la réunion ,
Après l'avoir donné de la division.

E ij

V A M I R.

Toi, tu pourais....

LE DUC.

Ce jour qui semble si funeste
Des feux de la discorde éteindra ce qui reste.

V A M I R.

Ce jour est trop horrible.

LE DUC.

Il va combler mes vœux.

V A M I R.

Comment ?

LE DUC.

Tout est changé, ton frere est trop heureux;

V A M I R.

Je le crois : on disait que d'un amour extrême
Violent, effrené, (car c'est ainsi qu'on aime)
Ton cœur depuis trois mois s'occupait tout entier.

LE DUC.

J'aime : oui, la renommée a pu le publier;
Oui, j'aime avec fureur. Une telle alliance
Semblait pour mon bonheur attendre ta présence.
Oui, mes ressentimens, mes droits, mes alliés,
Gloire, amis, ennemis, je mets tout à ses pieds.

(A sa suite.)

Allez, & dites-lui que deux malheureux fréres
Jettés par le destin dans des partis contraires,
Pour marcher désormais sous le même étendard,
De ses yeux souverains n'attendent qu'un regard.

(A Vamir.)

Ne blâme point l'amour où ton frére est en proie :
Pour me justifier, il suffit qu'on la voie.

V A M I R.

Cruel! ...elle vous aime ?

LE DUC.

Elle le doit du moins:

Il n'était qu'un obstacle au succès de mes soins ;
Il n'en est plus , je veux que rien ne nous sépare.

V A M I R.

Quels effroiables coups le cruel me prépare !
Ecoute ; à ma douleur ne veux-tu qu'insulter ?
Me connois-tu ? Sais-tu ce que j'osais tenter ?
Dans ces funestes lieux sais-tu ce qui m'améne ?

L E D U C.

Oublions ces sujets de discorde & de haine.

S C E N E V.

LE DUC DE FOIX , VAMIR , AME'LIE.

A M E' L I E.

Ciel ! qu'est-ce que je vois ? Je me meurs !

L E D U C.

Ecoutez :

Mon bonheur est venu de nos calamités,
J'ai vaincu ; je vous aime, & je retrouve un frére ;
Sa présence à mes yeux vous rend encor plus chére ;
Et vous, mon frére, & vous, soyez ici témoins,
Si l'excès de l'amour peut emporter plus loin.
Ce que votre reproche ou bien votre priére,
Le généreux Lisois, le Roi, la France entiére,
Demanderaient ensemble & qu'ils n'obtiendraient pas ;
Soumis & subjugué, je l'offre à ses appas.
De l'ennemi des Rois vous avez craint l'hommage.
Vous aimez ; vous servez une Cour qui m'outrage ;
Eh bien ! il faut céder ; vous disposez de moi,

Je n'ai plus d'alliés, je suis à votre Roi.
L'amour, qui, malgré vous, nous a faits l'un pour l'autre,
Ne me laisse de choix, de parti que le vôtre.
Vous, courez, mon cher frére; allez de ce moment
Annoncér à la cour un si grand changement.
Soyez libre, partez; & de mes sacrifices
Allez offrir au Roi les heureuses prémices.
Puissai-je à ses genoux présenter aujourd'hui
Celle qui m'a donté, qui me raméne à lui,
Qui d'un Prince ennemi fait un sujet fidéle,
Changé par ses regards & vertueux par elle !

        VAMIR (*à part.*)

Il sait ce que je veux, & c'est pour m'accabler.
Prononcez notre arrêt, Madame; il faut parler.

         LE DUC.

Eh ! quoi, vous demeurez interdite & muette ?
De mes soumissions êtes-vous satisfaite ?
Est-ce assez qu'un vainqueur vous implore à genoux ?
Faut-il encor ma vie, ingrate ? elle est à vous.
Un mot peut me l'ôter : la fin m'en sera chére;
Je vivais pour vous seule, & mourrai pour vous plaire.

         AMÉLIE.

Je demeure éperdue, & tout ce que je vois
Laisse à peine à mes sens l'usage de la voix.
Ah ! Seigneur, si votre ame en effet attendrie
Plaint le sort de la France & chérit la patrie,
Un si noble dessein, des soins si vertueux
Ne seront point l'effet du pouvoir de mes yeux :
Ils auront dans vous même une source plus pure.
Vous avez écouté la voix de la nature;
L'amour a peu de part où doit régner l'honneur.

         LE DUC.

Non, tout est votre ouvrage, & c'est là mon malheur.
Sur tout autre intérét ce triste amour l'emporte.

Accablez-moi de honte, accufez-moi ; n'importe.
Duſſai-je vous déplaire & forcer votre cœur,
L'autel eſt prêt, venez.

VAMIR.
Vous oſez !

AME'LIE.
Non, Seigneur,

Avant que je vous céde, & que l'Hymen nous lie,
Aux yeux de votre frére arrachez-moi la vie.
Le ſort met entre nous un obſtacle éternel.
Je ne puis être à vous.

LE DUC.
Vamir ! ingrate ! ah ! Ciel !

C'en eſt donc fait ! Mais non ; mon cœur ſait ſe con-
    traindre.
Vous ne méritez pas que je daigne m'en plaindre,
Je vous rends trop juſtice : & ces ſéductions
Qui vont au fond des cœurs chercher nos paſſions,
L'eſpoir qu'on donne à peine afin qu'on le ſaiſiſſe,
Ce poiſon préparé des mains de l'artifice,
Sont les effets d'un charme auſſi trompeur que vain,
Que l'œil de la raiſon regarde avec dédain.
Je ſuis libre par vous ; cet art que je déteſte,
Cet art qui m'enchaína, briſe un joug ſi funeſte :
Et je ne prétens pas ; indignement épris,
Rougir devant mon frére & ſouffrir des mépris.
Montrez-moi ſeulement ce rival qui ſe cache,
Je lui céde avec joie un poiſon qu'il m'arrache.
Je vous dédaigne aſſez tous deux, pour vous unir,
Perfide ; & c'eſt ainſi que je dois vous punir.

AME'LIE.
Je devais ſeulement vous quitter & me taire ;
Mais je ſuis accuſée, & ma gloire m'eſt chére.
Votre frére eſt préſent : & mon honneur bleſſé

Doit repouſſer les traits dont il eſt offenſé.
Pour un autre que vous ma vie eſt deſtinée ;
Je vous en fais l'aveu , je m'y vois condamnée.
Oui , j'aime , & je ſerais indigne devant vous
De celui que mon cœur s'eſt promis pour époux.
Indigne de l'aimer , ſi par ma complaiſance
J'avais à votre amour laiſſé quelque eſpérance.
Vous avez regardé ma liberté , ma foi ,
Comme un bien de conquête & qui n'eſt plus à moi.
Je vous devais beaucoup ; mais une telle offenſe
Ferme à la fin mon cœur à la reconnoiſſance.
Sachez que des bienfaits qui ſont rougir mon front
A mes yeux indignés ne ſont plus qu'un affront.
J'ai plaint de votre amour la violence vaine ;
Mais , après ma pitié , n'attirez point ma haine.
J'ai rejetté vos vœux que je n'ai point bravés.
J'ai voulu votre eſtime ; & vous me la devez.

LE DUC.

Je vous dois ma colére ; & ſachez qu'elle égale
Tous les emportemens de mon amour fatale.
Quoi donc , vous attendiez , pour oſer m'accabler ,
Que Vamir fut préſent & me vit immoler ?
Vous vouliez ce témoin de l'affront que j'endure ?
Allez , je le croirais l'auteur de mon injure ,
Si . . Mais il n'a point vû vos funeſtes appas ;
Mon frére trop heureux ne vous connoiſſait pas.
Nommez donc mon rival ; mais gardez-vous de croire
Que mon lâche dépit lui céde la victoire.
Je vous trompais ; mon cœur ne peut feindre longtems :
Je vous traîne à l'autel à ſes yeux expirans ,
Et ma main ſur ſa cendre à votre main donnée
Va tremper dans le ſang les flambeaux d'Hyménée.
Je ſai trop qu'on a vû , lâchement abuſés ,
Pour des mortels obſcurs des Princes mépriſés ;

Et mes yeux perceront dans la foule inconnue,
Jusqu'à ce vil objet qui se cache à ma vue.

VAMIR.

Pourquoi d'un choix indigne osez-vous l'accuser?

LE DUC.

Et pourquoi, vous, mon frere, osez-vous l'excuser?
Est-il vrai que de vous elle était ignorée!
Ciel! à ce piége affreux ma foi serait livrée!
Tremblez.

VAMIR.

Moi, que je tremble! ah! j'ai trop dévoré
L'inexprimable horreur où toi seul m'as livré.
J'ai forcé trop longtems mes transports au silence:
Connais-moi donc, barbare, & remplis ta vengeance.
Connais un désespoir à tes fureurs égal.
Frappe, voilà mon cœur, & voilà ton rival.

LE DUC.

Toi, cruel! toi Vamir!

VAMIR.

Oui, depuis deux années
L'amour la plus secrette a joint nos destinées.
C'est toi dont les fureurs ont voulu m'arracher
Le seul bien sur la terre où j'ai pu m'attacher;
Tu fais depuis trois mois les horreurs de ma vie.
Les maux que j'éprouvais passaient ta jalousie.
Par tes égarement juge de mes transports.
Nous puisâmes tous deux, dans ce sang dont je sors,
L'excès des passions qui dévorent une ame;
La nature à tous deux fit un cœur tout de flamme.
Mon frere est mon rival & je l'ai combattu.
J'ai fais taire le sang, peut-être la vertu.
Furieux, aveuglé, plus jaloux que toi-même,
J'ai couru, j'ai volé, pour t'ôter ce que j'aime.
Rien ne m'a retenu, ni tes superbes tours,

Ni le peu de soldats que j'avais pour secours,
Ni le lieu, ni le tems, ni surtout ton courage ;
Je n'ai vû que ma flamme & ton feu qui m'outrage.
L'amour fut dans mon cœur plus fort que l'amitié,
Sois cruel comme moi, punis-moi sans pitié :
Aussi bien tu ne peux t'assurer ta conquête,
Tu ne peux l'épouser qu'aux dépens de ma tête.
A la face des cieux, je lui donne ma foi ;
Je te fais de nos vœux le témoin malgré toi.
Frappe, & qu'après ce coup ta cruauté jalouse
Traîne aux pieds des autels ta sœur & mon épouse.
Frappe, dis-je : oses-tu ?

LE DUC.

       Traître, c'en est assez,
Qu'on l'ôte de mes yeux : soldats, obéissez.

AMÉLIE.

Non, demeurez, cruel ! Ah ! Prince, est-il possible
Que la nature en vous trouve une ame inflexible ?
Seigneur !

VAMIR.

     Vous le prier ? plaignez-le plus que moi,
Plaignez-le ; il vous offense, il a trahi son Roi.
Va, je suis dans ces lieux plus puissant que toi-même ;
Je suis vangé de toi : l'on te hait, & l'on m'aime.

AMÉLIE.

Ah, cher Prince ! ah Seigneur, voiez à vos genoux.

LE DUC.

Qu'on m'en réponde, allez. Madame, levez-vous.
Vos prières, vos pleurs en faveur d'un parjure
Sont un nouveau poison versé sur ma blessure :
Vous avez mis la mort dans ce cœur outragé.
Mais, perfide, croiez que je mourrai vangé.
Adieu, si vous voiez les effets de ma rage,
N'en accusez que vous ; nos maux sont votre ouvrage.

AME'LIE.

Je ne vous quitte pas ; écoutez-moi, Seigneur.

LE DUC.

Eh bien ! achevez donc de déchirer mon cœur :
Parlez.

SCENE VI.

LE DUC, VAMIR , AME'LIE , LISOIS.

LISOIS.

J'Allais partir : un peuple téméraire
Se souléve en tumulte au nom de votre frére.
Le désordre est par tout , vos soldats consternés
Désertent les drapeaux de leurs chefs étonnés ;
Et pour comble de maux, vers la ville allarmée ,
L'ennemi rassemblé fait marcher son armée.

LE DUC.

Allez, cruelle, allez ; vous ne jouirez pas
Du fruit de votre haine & de vos attentats:
Rentrez. Aux factieux je vais montrer leur maître,
Dangeste, suivez-la... (A Lisois.) Vous, veillez sur
ce traître.

SCENE VII.

VAMIR, LISOIS.

LISOIS.

LE seriez-vous : Seigneur ; auriez-vous démenti
Le sang de ces Héros dont vous êtes sorti ?
Auriez-vous violé, par cette lâche injure,
Et les droits de la guerre & ceux de la nature ?
Un Prince à cet excès pourrait-il s'oublier ?

VAMIR.

Non : mais suis-je réduit à me justifier ?
Lisois, ce peuple est juste ; il t'apprend à connaître
Que mon frere est rébelle, & qu'il trahit son maître.

LISOIS,

» Ecoutez ; ce serait le comble de mes vœux
» De pouvoir aujourd'hui vous réunir tous deux.
» Je vois avec regret la France désolée,
» A nos dissentions la nature immolée,
» Sur nos communs débris l'Africain élevé,
» Menaçant cet Etat par nous-même énervé.
» Si vous avez un cœur digne de votre race,
» Faites au bien public servir votre disgrace.
Eh bien, rapprochez-les, unissez-vous a moi
Pour calmer votre frére & fléchir votre Rôi,
Pour éteindre le feu de nos guerres civiles.

VAMIR.

Ne vous en flatez pas, vos soins sont inutiles.
Si la discorde seule avait armé mon bras,

Si la guerre & la haine avaient conduit mes pas,
Vous pourriez espérer de réunir deux frères,
L'un de l'autre écartés dans des partis contraires.
Un obstacle plus grand s'oppose à ce retour.

LISOIS.

Et quel est-il, Seigneur?

VAMIR.

Ah ! reconnais l'amour,
Reconnais la fureur qui de nous deux s'empare,
Qui m'a fait téméraire, & qui le rend barbare.

LISOIS.

Ciel ! faut-il voir ainsi par des caprices vains
Anéantir le fruit des plus nobles desseins !
L'amour subjuguer tout ! ses cruelles faiblesses
Du sang qui se révolte étouffer les tendresses !
Des freres se haïr, & naître en tous climats
Des passions des Grands le malheur des Etats !
Prince, de vos amours laissons-là le mystére,
Je vous plains tous les deux, mais je suis votre frére,
Je vais le seconder, je vais me joindre à lui,
Contre un peuple insolent qui se fait votre appui.
Le plus pressant danger est celui qui m'appelle.
Je vois qu'il peut avoir une fin bien cruelle;
Je vois les passions plus puissantes que moi :
Et l'amour seul ici me fait frémir d'effroi.
Je lui dois mon secours ; je vous laisse & j'y vole,
Soyez mon prisonnier., mais sur votre parole;
Elle me suffira.

VAMIR.

Je vous la donne.

LISOIS.

Et moi,
Je voudrais de ce pas porter la sienne au Roi;

D

Je voudrais cimenter , dans l'ardeur de lui plaire,
Du sang de nos tyrans une union si chere.
Mais ces fiers ennemis sont bien moins dangereux,
Que ce fatal amour qui vous perdra tous deux.

Fin du troisieme Acte.

ACTE IV.

SCENE PREMIERE.

VAMIR, AME'LIE, EMAR.

AME'LIE.

QUelle fuite, grand Dieu, d'affreufes deftinées !
Quel tiffu de douleurs l'une à l'autre enchaînées ?
Un orage imprévu m'enléve à votre amour :
Un orage nous joint : & dans le même jour,
Quand je vous fuis rendue, un autre nous fépare !
Vamir, frére adoré d'un frére trop barbare,
Vous le voulez, Vamir ; je pars, & vous reftez.

VAMIR.

Voyez par quels liens mes pas font arrêtés.
Au pouvoir d'un rival ma parole me livre :
Je peux mourir pour vous, & je ne peux vous fuivre.

AME'LIE.

Vous l'osâtes combattre, & vous n'ofez le fuir.

VAMIR.

L'honneur eft mon tyran : je lui dois obéir.
Profitez du tumulte où la Ville eft livrée.
La retraite à vos pas déja femble affurée.

D ij

On vous attend : le Ciel a calmé son courroux:
Efpérez....

AME'LIE.
Et que puis-je efpérer loin de vous?

VAMIR.
Ce n'eft qu'un jour.

AME'LIE.
Ce jour eft un fiécle funeſte.
Rendez vains mes foupçons, Ciel vangeur que j'atteſte?
Seigneur, de votre fang le Maure eft altéré.
Ce fang à votre frére eft-il donc fi facré?
Il aime en furieux ; mais il hait plus encore.
Il eft votre rival & l'Allié du Maure.
Je erains....

VAMIR.
Il n'oferait...

AME'LIE.
Son cœur n'a point de frein,
Il vous a menacé : menace-t'il en vain?

VAMIR.
Il tremblera bientôt : le Roi vient, & nous vange:
La moitié de ce Peuple à fes drapeaux fe range.
Allez, fi vous m'aimez, dérobez-vous aux coups
Des foudres allumés grondans autour de nous,
Au tumulte, au carnage, au défordre effroyable:
Dans des murs pris d'affaut malheur inévitable.
Mais redoutez encor mon rival furieux:
Craignez l'amour jaloux qui veille dans fes yeux:
Cet amour méprifé fe tournerait en rage.
Fuyez fa violence : évitez un outrage
Qu'il me faudrait laver de fon fang & du mien.
Seul efpoir de ma vie & mon unique bien,
Mettez en fûreté ce feul bien qui me reſte :
Ne vous expofez pas à cet éclat funeſte.

Cédez à mes douleurs. Qu'il vous perde : partez.

AME'LIE.

Et vous vous exposez seul à ses cruautés !

VAMIR.

Ne craignant rien pour vous, je craindrai peu mon
frere.
Que dis-je ? mon appui lui devient nécessaire.
Son captif aujourd'hui, demain son bienfaiteur,
Je pourrai de son Roi lui rendre la faveur.
Protéger mon rival est la gloire où j'aspire.
Arrachez-vous sur-tout à son fatal Empire.
Songez que ce matin vous quittiez ses Etats.

AME'LIE.

Ah ! je quittais des lieux que vous n'habitiez pas.
Dans quelque azile affreux que mon destin m'entraîne,
Vamir, j'y porterai mon amour & ma haine.
Je vous adorerai dans le fond des déserts,
Au milieu des combats, dans l'exil, dans les fers,
Dans la mort que j'attends de votre seule absence.

VAMIR.

C'en est trop : vos douleurs ébranlent ma constance.
Vous avez trop tardé. Ciel ! quel tumulte affreux !

SCENE II.

AME'LIE, VAMIR, LE DUC DE FOIX,
GARDES.

LE DUC.

JE l'entends ; c'est lui-même. Arrête, malheureux ;
Lâche qui me trahis, rival indigne, arrête.

VAMIR.

Il ne te trahit point ; mais il t'offre sa tête.
Porte à tous les excès ta haine & ta fureur.
Va, ne perds point de tems : le Ciel arme un vangeur.
Tremble ; ton Roi s'approche : il vient, il va paraître ;
Tu n'as vaincu que moi : redoute encor ton maître.

LE DUC.

Il pourra te vanger, mais non te secourir ;
Et ton sang . . .

AME'LIE.

Non, cruel ; c'est à moi de mourir.
J'ai tout fait ; c'est par moi que ta garde est séduite.
J'ai gagné tes Soldats. J'ai préparé ma fuite.
Punis ces attentats & ces crimes si grands,
De sortir d'esclavage & de fuir ses tyrans :
Mais respecte ton frére, & sa femme, & toi-même.
Il ne t'a point trahi : c'est un frére qui t'aime.
Il voulait te servir, quand tu veux l'opprimer.
Quel crime a-t'il commis, cruel, que de m'aimer ?
L'amour n'est-il en toi qu'un juge inexorable ?

LE DUC.

Plus vous le défendez, plus il devient coupable.
C'est vous qui le perdez, vous qui l'assassinés.
Vous, par qui tous nos jours étaient empoisonnés ;
Vous, qui pour leur malheur armiez des mains si chéres.
Puisse tomber sur vous tout le sang des deux fréres !
Vous pleurez ; mais vos pleurs ne peuvent me tromper.
Je suis prêt à mourir, & prêt à le frapper.
Mon malheur est au comble, ainsi que ma faiblesse.
Oui, je vous aime encor : le tems, le péril presse.
Vous pouvez à l'instant parer le coup mortel.
Voilà ma main, venez : sa grace est à l'autel.

AME'LIE.

Moi, Seigneur ?

LE DUC.

C'est assez.

AMÉLIE.

Moi, que je le trahisse?

LE DUC.

Arrêtez... répondez...

AMÉLIE.

Je ne puis.

LE DUC.

Qu'il périsse.

VAMIR.

Ne vous laissez pas vaincre en ces affreux combats.
Osez m'aimer assez pour vouloir mon trépas.
Abandonnez mon sort au coup qu'il me prépare.
Je mourrai triomphant des mains de ce barbare :
Et si vous succombiez à son lâche courroux,
Je n'en mourrais pas moins, mais je mourrais pour vous.

LE DUC.

Qu'on l'entraîne à la Tour ; allez, qu'on m'obéisse.

SCENE III.

LE DUC, AMÉLIE.

AMÉLIE.

Vous, cruel, vous feriez cet affreux sacrifice?
De son vertueux sang vous pourriez vous couvrir?
Quoi! voulez-vous?

LE DUC.

Je veux vous haïr & mourir,
Vous rendre malheureuse encor plus que moi-même,

Répandre devant vous tout le sang qui vous aime;
Et vous laisser des jours plus cruels mille fois
Que le jour où l'amour nous a perdu tous trois.
Laissez-moi : votre vûe augmente mon supplice.

SCENE IV.

LE DUC, AMELIE, LISOIS.

AMELIE (*à Lisois.*)

AH ! je n'attends plus rien que de votre justice :
Lisois, contre un cruel osez me secourir.

LE DUC.

Gardes-toi de l'entendre, ou tu vas me trahir.

AMELIE.

J'atteste ici le Ciel.

LE DUC.

      Eloignez de ma vue ;
Amis, délivrez-moi de l'objet qui me tue.

AMELIE.

Va, tyran, c'en est trop : va, dans mon désespoir,
J'ai combattu l'horreur que je sens à te voir.
J'ai cru, malgré ta rage à ce point emportée,
Qu'une femme du moins en serait respectée.
L'amour adoucit tout, hors ton barbare cœur ;
Tygre, je t'abandonne à toute ta fureur.
Dans ton féroce amour immole tes victimes ;
Compte dès ce moment ma mort parmi tes crimes ;
Mais compte encor la tienne. Un vangeur va venir.
Par ton juste supplice il va tous nous unir.

Tombe

Tombe avec tes remparts ; tombe & péris sans gloire;
Meurs, & que l'avenir prodigue à ta mémoire,
A tes feux, à ton nom justement abhorrés,
La haine & le mépris que tu m'as inspirés.

SCENE V.

LE DUC DE FOIX; LISOIS,

LE DUC.

Oui, cruelle ennemie & plus que moi farouche;
Oui, j'accepte l'arrêt prononcé par ta bouche.
Que la main de la haine, & que les mêmes coups
Dans l'horreur du tombeau nous réunissent tous.

LISOIS.

Il ne se connaît plus : il succombe à sa rage.

LE DUC.

Eh bien ! souffriras-tu ma honte & mon outrage ?
Le tems presse : veux-tu qu'un rival odieux
Enleve la perfide & l'épouse à mes yeux ?
Tu crains de me répondre. Attends-tu que le traître
Ait soulevé le peuple, & me livre à son Maître ?

LISOIS.

Je vois trop en effet que le parti du Roi
Des peuples fatigués fait chanceler la foi.
De la sédition la flâme réprimée
Vit encor dans les cœurs en secret rallumée.

LE DUC.

C'est Vamir qui l'allume : il nous a trahi tous.

E

LISOIS.

Je suis loin d'excuser ses crimes envers vous.
La suite en est funeste, & me remplit d'allarmes
Dans la plaine déja les Français sont en armes ;
Et vous êtes perdu, si le peuple excité
Croit dans la trahison trouver sa sureté,
Vos dangers sont accrus.

LE DUC.

Eh bien, que faut-il fair

LISOIS.

Les prévenir, dompter l'amour & la colére.
Ayons encor, mon Prince, en cette extrémité,
Pour prendre un parti sûr assez de fermeté.
Nous pouvons conjurer ou braver la tempête.
Quoi que vous décidiez, ma main est toute p
Vous vouliez ce matin par un heureux traité
Appaiser avec gloire un Monarque irrité.
Ne vous rebutez pas ; ordonnez, & j'espére
Seigneur en votre nom cette paix salutaire.
Mais s'il vous faut combattre & courir au trépas ;
Vous sçavez qu'un ami ne vous survivra pas,

LE DUC.

Ami, dans le tombeau laisse-moi seul descendre ;
Vis, pour servir ma cause & pour venger ma cendre
Mon destin s'accomplit, & je cours l'achever.
Qui ne veut que la mort est sûr de la trouver ;
Mais je la veux terrible, & lorsque je succombe,
Je veux voir mon rival entraîné dans ma tombe.

LISOIS.

Comment ? de quelle horreur vos sens sont possédés

LE DUC.

Il est dans cette tour où vous seul commandez ;
Et vous m'avez promis que contre un téméraire.

LISOIS.
De qui me parlez-vous, Seigneur ? de votre frére !

LE DUC.
Non : Je parle d'un traître, & d'un lâche ennemi,
D'un rival qui m'abhorre & qui m'a tout ravi.
Le Maure attend de moi la tête du parjure.

LISOIS.
Vous leur avez promis de trahir la nature ?

LE DUC.
Dès long-tems du perfide ils ont proscrit le sang.

LISOIS.
Et pour leur obéir, vous lui percez le flanc ?

LE DUC.
Non, je n'obéis point à leur haine étrangére;
J'obéis à ma rage, & veux la satisfaire,
Que m'importent l'Etat & mes vains alliés ?

LISOIS.
Ainsi donc à l'amour vous le sacrifiez,
Et vous me chargez, moi, du soin de son supplice !

LE DUC.
Je n'attends pas de vous cette prompte justice.
Je suis bien malheureux, bien digne de pitié;
Trahi dans mon amour, trahi dans l'amitié.
Allez; je puis encor dans le sort qui me presse
Trouver de vrais amis qui tiendront leur promesse.
D'autres me serviront & n'allégueront pas
Cette triste vertu, l'excuse des ingrats.

LISOIS. *après un long silence.*
Non ; j'ai pris mon parti : soit crime, soit justice,
Vous ne vous plaindrez plus qu'un ami vous trahisse.
Vamir est criminel : vous êtes malheureux.
Je vous aime ; il suffit : Je me rends à vos vœux.
Je vois qu'il est des tems pour les partis extrêmes,
Que les plus saints devoirs peuvent se taire eux-mêmes.

E ij

Je ne souffrirai pas que d'un autre que moi
Dans de pareils momens vous éprouviez la foi;
Et vous reconnaîtrez avec succès de mon zéle,
Si Lisois vous aimait & s'il vous fut fidéle.

LE DUC.

Je te retrouve enfin dans mon adversité :
L'Univers m'abandonne, & toi seul m'es resté.
Tu ne souffriras pas que mon rival tranquile
Insulte impunément à ma rage inutile.
Qu'un ennemi vaincu maître de mes Etats,
Dans les bras d'une ingrate insulte à mon trépas.

LISOIS.

Non, mais en vous rendant ce malheureux service,
Prince, Je vous demande un autre sacrifice.

LE DUC.

Parle,

LISOIS.

Je ne veux pas que le Maure en ces lieux
Protecteur insolent commande sous mes yeux :
Je ne veux pas servir un tiran qui nous brave.
Ne puis-je vous venger, sans être son esclave ?
Si vous voulez tomber, pourquoi prendre un appui ?
Pour mourir avec vous, ai-je besoin de lui ?
Du sort de ce grand jour laissez-moi la conduite :
Ce que je fais pour vous peut-être le mérite.
Les Maures avec moi pourraient mal s'accorder,
Jusqu'au dernier moment, je veux seul commander.

LE DUC.

Oui, pourvu qu'Amélie au désespoir réduite
Pleure en larmes de sang l'amant qui l'a séduite;
Pourvu que de l'horreur de ses gémissemens
Ma douleur se repaisse à mes derniers momens ;
Tout le reste est égal, & je te l'abandonne.
Prépare le combat : agis, dispose, ordonne,

Ce n'est plus la victoire où ma fureur prétend :
Je ne cherche pas même un trépas éclatant.
Aux cœurs désesperés qu'importe un peu de gloire ?
Périsse ainsi que moi, ma funeste mémoire !
Périsse avec mon nom le souvenir fatal
D'une indigne maîtresse & d'un lâche rival.

LISOIS.

Je l'avoue avec vous : une nuit éternelle
Doit couvrir, s'il se peut, une fin si cruelle.
C'était avant ce coup qu'il nous fallait mourir.
Mais je tiendrai parole, & je vais vous servir.

Fin du quatrieme Acte.

ACTE V.

SCENE PREMIERE.
LE DUC DE FOIX , UN OFFICIER DES GARDES.

LE DUC.

O Ciel ! me faudra-t-il de momens en momens
Voir & des trahisons & des soulevemens !
Eh bien , de ces mutins l'audace est terrassée ?
L'OFFICIER.
Seigneur, ils vous ont vû : leur foule est dispersée.
LE DUC.
L'ingrat de tous côtés m'opprimant aujourd'hui,
Mon malheur est parfait , tous les cœurs sont à lui.
Que fait Lisois ?
L'OFFICIER.
    Seigneur, sa prompte vigilance
A partout des remparts assuré la défense.
LE DUC.
Ce soldat qu'en secret vous m'avez amené
Va-t'il exécuter l'ordre que j'ai donné ?
L'OFFICIER.
Oui, Seigneur , & déja vers la tour il s'avance.
LE DUC.
Ce bras vulgaire & sûr va remplir ma vengeance,
Sur l'incertain Lisois mon cœur a trop compté :

Il a vû ma fureur avec tranquilité.
On ne soulage point des douleurs qu'on méprise :
Il faut qu'en d'autres mains ma vengeance soit mise,
Vous, que sur nos remparts on porte nos drapeaux,
Allez, qu'on se prépare à des périls nouveaux.
Vous sortez d'un combat, un autre vous appelle,
Ayez la même audace avec le même zéle,
Imitez votre maître, & s'il vous faut périr,
Vous recevrez de moi l'exemple de mourir,

(*Il reste seul.*)

Eh bien, c'en est donc fait : une femme perfide
Me conduit au tombeau chargé d'un parricide.
Qui ? moi, je tremblerais des coups qu'on va porter ?
J'ai chéri la vengeance & ne puis la goûter.
Je frissonne : une voix gémissante & sevére,
Crie au fond de mon cœur, arrête, il est ton frére,
Ah ! Prince infortuné, dans ta haine affermi,
Songe à des droits plus saints : Vamir fut ton ami.
O jours de notre enfance ! ô tendresses passées ?
Il fut le confident de toutes mes pensées.
Avec quelle innocence & quels épanchemens
Nos cœurs se sont appris leurs premiers sen-
  timens !
Que de fois partageant mes naissantes allarmes,
D'une main fraternelle essuia-t'il mes larmes ?
Et c'est moi qui l'immole, & cette même main
D'un frére que j'aimais déchireroit le sein ?
O passion funeste ! ô douleur qui m'égare !
Non je n'étais point né pour devenir barbare.
Je sens combien le crime est un fardeau cruel ;
Mais que dis-je ? Vamir est le seul criminel.
Je reconnais mon sang, mais c'est à sa furie :
Il m'enleve l'objet dont dépendait ma vie.
Ah ! de mon désespoir injuste & vain transport ?

E iv.

Il l'aime, est-ce un forfait qui mérite la mort ?
Hélas malgré le tems, & la guerre & l'absence,
Leur tranquile union croissoit dans le silence.
Ils nourrissaient en paix leur innocente ardeur,
Avant qu'un fol amour empoisonnât mon cœur.
Mais lui-même il m'attaque, il brave ma colère.
Il me trompe, il me hait, n'importe : il est mon frère.
C'est à lui seul de vivre, on l'aime, il est heureux :
C'est à moi de mourir ; mais mourons généreux.
La pitié m'ébranlait : la narute décide.
Il en est tems encor, préviens, &c.

SCENE II.

LE DUC DE FOIX, L'OFFICIER.

LE DUC.

Préviens un parricide,
Ami, vole à la tour. Que tout soit suspendu :
Que mon frère....

L'OFFICIER.
Seigneur....

LE DUC.
De quoi t'allarmes-tu ?

Cours, obéis.

L'OFFICIER.
J'ai vû, non loin de cette porte,
Un corps souillé de sang qu'en secret on emporte :
C'est Lisois qui l'ordonne, & je crains que le sort....

LE DUC.

Qu'entens-je…. malheureux ! ah Ciel, mon frére
    est mort :
Il est mort, & je vis, & la terre entr'ouverte,
Et la foudre en éclats n'ont point vengé sa perte ?
Ennemi de l'Etat, factieux, inhumain,
Frére dénaturé, ravisseur, assassin,
O Ciel, autour de moi que j'ai creusé d'abîmes !
Que l'amour m'a changé ! qu'il me coûte de crimes !
Le voile est déchiré : je m'étais mal connu.
Au comble des forfaits je suis donc parvenu ?
Ah ! Vamir ! ah mon frére ! ah jour de ma ruine,
Je sens que je t'aimais, & mon bras t'assassine !
Quoi mon frére !

L'OFFICIER.

Amélie avec empressement,
Veut, Seigneur, en secret vous parler un moment.

LE DUC.

Chers amis, empéchez que la cruelle avance.
Je ne puis soutenir ni souffrir sa présence ;
Mais non, d'un parricide elle doit se vanger,
Dans mon coupable sang sa main doit se plonger.
Qu'elle entre : ah ! je succombe & je ne vis plus qu'à
    peine.

SCENE III.

LE DUC, AME'LIE, TAISE.

AMELIE.

VOUS l'emportez , Seigneur ; & puifque votre
        haine ,
(Comment puis-je autrement appeller en ce jour
Ces affreux fentimens que vous nommez amour ;)
Puifqu'à ravir ma foi votre haine obftinée
Veut, ou le fang d'un frére, ou ce trifte Hyménée ;
Mon choix eft fait, Seigneur, & je me donne à vous;
A force de forfaits vous êtes mon époux.
Brifez les fers honteux dont vous chargez un frére.
De vos murs fous fes pas abaiffez la barriere.
Que je ne tremble plus pour des jours fi chéris :
Je trahis mon amant, je le perds à ce prix :
Je vous épargne un crime , & fuis votre conquête.
Commandez, difpofez, ma main eft toute prête.
Sachez que cette main que vous tirannifez
Punira la faibleffe où vous me réduifez.
Sachez qu'au temple même où vous m'allez conduire,
Mais vous voulez ma foi : ma foi doit vous fuffire.
Allons... eh quoi ! d'où vient ce filence affecté !
Quoi ! votre frére encor n'eft point en liberté !

LE DUC.

Mon frére ?

AMELIE.

Dieu puiffant, diffipez mes allarmes;

Ciel ! de vos yeux cruels je vois tomber des larmes.

LE DUC.

Vous demandez sa vie !

AMELIE.

Ah ! qu'est-ce que j'entends ?

Vous qui m'aviez promis ...

LE DUC.

Madame, il n'est plus tems.

AMELIE.

Il n'est plus tems ? Vamir !

LE DUC.

Il est trop vrai , cruelle.

Oui : l'amour a conduit cette main criminelle :
Lisois, pour mon malheur, a trop sçu m'obéir.
Ah ? revenez à vous, vivez pour me punir.
Frappez : que votre main contre moi ranimée
Perce un cœur inhumain qui vous a trop aimée,
Un cœur dénaturé qui n'entend que vos coups
Oui, j'ai tué mon frére , & l'ai tué pour vous.
Vengez sur un coupable indigne de vous plaire,
Tous les crimes affreux que vous m'avez fait faire.

AMELIE.

(Se jettant entre les bras de Taïse.)

Vamir est mort, barbare ?

LE DUC.

Oui, mais c'est de ta main,
Que son sang veut ici le sang de l'assassin.

AME'LIE *(soutenue par Taïse & presque évanouie.)*
Il est mort?

LE DUC.

Ton reproche ....

AMELIE.

Epargne ma misére.
Laisse-moi, je n'ai plus de reproche à te faire.

Va, porte ailleurs ton crime & ton vain repentir.
Laisse-moi l'adorer, l'embrasser & mourir.

LE DUC.

Ton horreur est trop juste. Eh bien, chére Amélie,
Par pitié, par vengeance arrache-moi la vie.
Je ne mérite pas de mourir de tes coups.
Que ta main les conduise....

SCENE IV.

LE DUC, AMÉLIE, LISOIS.

LISOIS. *On le désarme.*

AH! Ciel, que faites-vous?

LE DUC.

Laissez-moi me punir, & me rendre justice.

AMÉLIE (*à Lisois.*)

Vous d'un assassinat vous êtes le complice?

LE DUC.

Ministre de mon crime, as-tu pu m'obéir.

LISOIS.

Je vous avais promis, Seigneur, de vous servir.

LE DUC.

Malheureux que je suis ! ta sévére rudesse
A cent fois de mes sens combattu la faiblesse.
Ne devais-tu te rendre à mes tristes souhaits,
Que quand ma passion t'ordonnait des forfaits !
Tu ne m'as obéi que pour perdre mon frére.

LISOIS.

Lorsque j'ai refusé ce sanglant ministére,

Votre aveugle courroux n'allait-il pas soudain
Du soin de vous venger charger une autre main ?

LE DUC.

L'amour, le seul amour de mes sens toujours maître,
En m'ôtant ma raison, m'eût excusé peut-être ;
Mais toi, dont la sagesse & les réflexions
Ont calmé dans ton sein toutes les passions,
Toi dont j'avois tant craint l'esprit ferme & rigide,
Avec tranquilité permettre un parricide ?

LISOIS.

Eh bien, puisque la honte avec le repentir,
Par qui la vertu parle à qui peut la trahir,
D'un si juste remords ont pénétré votre âme ;
Puisque malgré l'excès de votre aveugle flâme,
Au prix de votre sang vous voudriez sauver
Le sang dont vos fureurs ont voulu vous priver.
Je peux donc m'expliquer : je peux donc vous ap-
              prendre,
Que de vous-même enfin Lisois sait vous défendre.
Connaissez-moi, Madame, & calmez vos douleurs.

    (Au Duc)   *(à Amélie.)*

Vous, gardez vos remords ; & vous, séchez vos pleurs ;
Que ce jour à tous trois soit un jour salutaire,
Venez, paraissez, Prince, embrassez votre frère.

    (Le Théâtre s'ouvre, l'amir paraît.)

SCENE V. ET DERNIERE.

LE DUC, AME'LIE, VAMIR, LISOIS.

AME'LIE.

Qui ? vous !

LE DUC.

Mon frére ?

AME'LIE.

Ah Ciel !

LE DUC.

Qui l'aurait pû penser ?

VAMIR (s'avançant du fond du Théâtre.)

J'ose encor te revoir, te plaindre & t'embraffer.

LE DUC.

Mon crime en eft plus grand, puifque ton cœur l'oublie.

AME'LIE.

Lifois ; digne Héros qui me donnez la vie ! . . .

LE DUC.

Il la donne à tous trois.

LISOIS.

Un indigne affaffin
Sur Vamir à mes yeux avait levé la main.
J'ai frappé le barbare, & prévenant encore
Les aveugles fureurs du feu qui vous dévore,
J'ai feint d'avoir verfé ce fang fi précieux,
Sûr que le repentir vous ouvrirait les yeux.

LE DUC.

Après ce grand exemple & ce service insigne,
Le prix que je t'en dois, c'est de m'en rendre digne.
Le fardeau de mon crime est trop pesant pour moi :
Mes yeux couverts d'un voile & baissés devant toi
Craignent de rencontrer & les regards d'un frère,
Et la beauté fatale à tous les deux trop chère.

VAMIR.

Tous deux auprès du Roi nous voulions te servir.
Quel est ton dessein ? parle.

LE DUC.

De me punir;
De nous rendre à tous trois une égale justice;
D'expier devant vous par le plus grand supplice,
Le plus grand des forfaits où la fatalité,
L'amour & le courroux m'avaient précipité.
J'adorais Amélie, & ma fiâme cruelle
Dans mon cœur désolé s'irrite encor pour elle;
Lisois fait à quel point j'adorais ses appas,
Quand ma jalouse rage ordonnait ton trépas.
Dévoré, malgré moi, du feu qui me posséde,
Je l'adore encor plus, & mon amour la céde.
Je m'arrache le cœur en vous rendant heureux.
Aimez-vous; mais au moins, pardonnez-moi tous
deux.

VAMIR.

Ah! ton frère à tes pieds digne de ta clémence
Egale tes bienfaits par sa reconnoissance.

AMÉLIE.

Oui, Seigneur, avec lui j'embrasse vos genoux.
La plus tendre amitié va me rejoindre à vous.
Vous me payez trop bien de mes douleurs soufferres.

LE DUC.

Ah ! c'est trop me montrer mes malheurs & mes pertes
Mais vous m'apprenez tous à suivre la vertu.
Ce n'est point à demi que mon cœur est rendu.

(*A Vamir.*)

Je suis en tout ton frére ; & mon ame attendrie
Imite votre exemple & chérit sa patrie.
Allons apprendre au Roi pour qui vous combattez,
Mon crime, mes remords & vos félicités.
Oui ; je veux égaler votre foi, votre zéle,
Au sang, à la patrie, à l'amitié fidéle ;
Et vous faire oublier, après tant de tourmens,
A force de vertus, tous mes égaremens.

Fin du cinquieme & dernier Acte.

APPROBATION.

J'Ai lû par ordre de Monseigneur le Chancelier,
une Tragédie qui a pour titre *le Duc de Foix*,
& je crois que l'on peut en permettre l'impression.
Ce 6 Décembre 1752.

CREBILLON.

On trouvera, chez le même Libraire, les livres nouveaux suivants.

Les Amusemens du Cœur & de l'Esprit, pour les années 1748 & 1749, *in 12*, 4 volumes de 30 sols chacun, qui peuvent aussi être reliés en 2 tomes.

Histoire de Charles XII, Roi de Suéde, par M. *de Voltaire*, nouvelle édition corrigée, & beaucoup augmentée. *in-12*, un vol. 1751   2 l. 10 s.

La vie de M. Rossillion de Bernex, Evêque & Prince de Genêve. Cet ouvrage peut servir de suite à l'Histoire Ecclésiastique de ce Diocèse. vol. *in-12*, 1752.
                                            2 l. 10 s.

Lettres sur la certitude des signes de la Mort, où l'on rassure les Citoyens de la crainte d'être enterrés vivants, par M. *Louis*. *in-12*, 1752.   2 l. 10 s.

Mémoires sur l'Amérique, & sur l'Afrique, donnés au mois d'Avril 1752, brochure *in-4o*, de 60 pages, par M. *Philippe de Prétot*, Censeur Royal. *Prix*,
                                            1 l. 4 s.

Les avis de Direction, par M. *de Laffiteau*, *in-12*, 1752.
                                            1 l. 10 s.

Analyse Chronologique de l'Histoire Universelle, depuis le commencement du monde jusqu'à l'Empire de Charlemagne, inclusivement. *in-8o*, 1752,
                                            3 l. *relié.*

Toutes les Oeuvres de M. de Voltaire.

On vend féparément.

Semiramis, Nanine, Orefte, Samfon.

On trouvera auffi chez le même Libraire un affortiment général des Théâtres & Livres de Belles-Lettres.

af
les

www.ingramcontent.com/pod-product-compliance
Lightning Source LLC
Chambersburg PA
CBHW060802180626
46818CB00002B/671